KB265503

작은 것들의 시

저자 권오경
2009년 현재 안양대학교 영어영문학과 명예교수

저서 제임스 조이스 소설연구 | 포스트시대의 글쓰기 |
　　　인터넷 통신어휘 사전

작은 것들의 시

펴낸날　2009년 3월 20일
지은이　권오경
펴낸이　이성모
펴낸곳　도서출판 동인

서울시 종로구 명륜동 아남주상복합빌딩 118호
등록 · 제 1-1599호
TEL · (02)765-7145, 55 | FAX · (02)765-7165
E-mail · dongin60@chol.com

ISBN 978-89-5506-392-9
정 가 8,000원

※잘못 만들어진 책은 바꾸어 드립니다.

작은 것들의 시

권오경 시집

도서출판 동인

작은 것들의 시가 내게로 온 때는

나는 일흔 언저리가 되어 있었다
더 이상 논리적 창의적 논문을
쓰지 않아도 되었을 때
많은 것을 포기하고 놓은 때
욕망은 사그라지지만
삶에 대한 의식은 밝아질 때
절망하지만 포기하지 않을 때
가식이 없어질 때
정신이 맑아질 때
아직도 어떤 대상에 냉소적일 때
두려움에서 벗어나고 싶을 때
혼자 있는 시간이 많을 때
시련에 들 때 혹은
그것에서 벗어날 때
어떤 계기를 겪을 때
몸이 아프거나 아픔에서 벗어날 때
몸의 유연성과는 상관없이
끊임없이 일상을 의미화 하거나 이미지화 할 수 있을 때
책을 읽고 그것이 이 모든 것과 더불어
마음속에 고일 때

_차례_

어머니

모진 목숨 부여안고
낮이면
먼 옛 날
어느 여울 헤매다
휘휘 돌아
불쌍한 아버지 만나고

어둠이 내리면
사방이 요란한 굉음 울려
딴 세상 되어
살아야하는
당신

고통과 아픔
잠시 둔해지는 순간
꽹과리, 징소리
먹먹한 시간이
서로 엇갈리며
돌고 도는데
마구 돌아가는데

그러다
그 바퀴 한 번 멈추어도
타성처럼 계속 도는
당신

당신께는
언제나 젊은 딸
미수의 생신을
기립니다

승헌이 생일

승헌이가
어린이집
생일잔치에
드레스 셔츠
나비넥타이
가방 메고 갔다
케이크 놓인 상 앞에
개선장군같이
앉았다

멋있는 승헌이
생일 축하해요
땀 흘리면서
얌전하게
좋은 날인 줄 알고
승헌이가
활짝
웃고 있네

오 동 나 무

오동나무가 그렇게 키가 큰 줄은 미처 몰랐네
'라일락이 아직 안 졌나 보다 여기는'
그렇게 여겼네

신문에 난 오동나무 칼럼
나 같은 사람
아니 나와는 다른 사람 여기 있구나
이 나이 되니
오동나무에 라일락이
피다니

저녁에
승헌이가 말문을 열었다
안녕과 바퀴로
안녕으로 사람과 관계를 짓고
바퀴로 장래에 다리를 놓네

오늘 만난
성성한 오동나무
승헌이의 안녕이란 인사

내 가슴이
이리도 혼란스럽네

버스

김치 국 갈치구이 야채무침 아침상
점심은 미나리 콩나물 더덕나물 비빔밥에 오이 챗국
저녁도 그 나물에 그 밥

〈칼의 노래〉 병사들의 비상한 끼니처럼
우리네 살림살이 땟거리도 긴박하긴 마찬가지
해야 할 일 사이사이로 쌓인다

해거름에 집을 나선다
멀리 태풍 소식
그 끝자락
스산한 바람
며칠 전 목련 벚꽃 라일락을 떨어트리던
그 바람이 아님을 안다

〈Island in the Stream〉에서 불던 바람
〈페이톤 플레이스〉의 잔상들

양현교
다리 위로 버스 한 대 또 한 대
창문마다 알락 달락 불을 달고

휘익 휘익
갑자기 소풍이라도 가는 듯 신나고
승헌이의 장난감 버스같이 예뻐서
웃는다
승헌이 같이

예쁜 버스의 불빛에 밀려
돌아가는 길

가로등 길

집으로 돌아가는 길
나른한 피로가
일몰 속으로 빠진다

산 하나
앞을
턱하고
가로막는다

어느새
그 산
옆으로 비켜 앉고
길 양쪽
쭉쭉 뻗은 가로등
정갈하게 도열한다

몇 백번을 오가도
새롭게 다가오는 길
어느 길이라고
이토록 씻은 듯
산뜻할까

이 길을 이 시간
일과의 피로에 젖어
지나가는
그는
사람들은
무엇에 빠질까

나락일까
타성일까

난과 카아네이션

베란다
동양란

향기
내뿜더니
잎 사이로
꽃 내밀었다

향기로
드러난
난

그 옆 화병
안개꽃 쌓인
파스텔 톤의 카네이션

흙에 뿌리내린 난
물 속에 꽂혀진 카네이션
흙의 질박함
투명한 화려함

한 지붕 아래
어색하게 공존하는
삶의 모습

친구란

우리에게
늘
그리워서 고마운
친구
배려해 주는 마음에 끌려
염치도 잊고 주제넘을 때 많네

이승에서의
삶에
큰 이정표
등불같이
그 빛을 따라 걷네

인연이고
천륜이라면

많은 복 지어
이승에서
내세에도

아름다운 삶
내리기를

후쿠시마에 부침

숲과 꽃
새들의
기기묘묘한 울음소리 어우러진
복을 가져오는 섬
가부끼 스테이션 호텔
알로 레이크 클럽
이국의 정취 넘친다

사람들이 지천으로 모여들어
스쳐 지나가는 곳

맺어지는 인연

저네들은 모두가
무슨 색의 행복 잡이 들인가
어디로 가는가
나는 어쩌다
여기 와있는가

한 점 섬같이
아름다운 초원에서

이 감미로운 피곤이여

지나고 나면
아련해질
기억의 조각들

그렇게 삶이 흐르듯

마티네 콘서트

샌드위치와 커피 향 속에
가벼운 마음
홀가분하게 시작하는
아침은
잔잔한 설렘으로 넘쳐난다

차이코프스키의 슬라브 행진곡
라흐마니노프의 파가니니 랩소디
차이코프스키의 바이올린 협주곡 op.38 1악장
차이코프스키 교향곡 4번 op.36 4악장

젊은 여 피아니스트와 바이올리니스트의 연주는
기름같이 내 몸과 영혼에 감동을 붓는다

광우병 소와 촛불의 부조화는
점점 그 불 사위가 퍼진 가운데
이렇듯 바깥 세상이 어수선하고
마음이 암흑 같은 때에
즐거움이 흐르는 세계가 있어
세상은 살만한 게 아닌가
결코 호사와 사치가 아닌게 아닌가

나를 이 자리에 불러 준 이는
우리가 결국 이르는 곳은
예술의 세계라는 말로
오늘의 여정을 함축한다

덤으로
어느 도공의
불과 흙의 농사
아름다운 도자기에
잠깐 혼을 놓았다

행복한 미혹이
나를 휩싼다

아픔

몸은 나를 어떻게 아는가
몸은 나의 마음과 식습관 수면 공부 강의 같은
모든 나의 존재 양식을 꿰뚫는다
그리고 조절한다

아픔은
마음에
벗어나고 싶은 것
농해져서
몸을 뚫고
분화같이
터지는 것

정말 갖기 힘든
휴식을 갈구함일 것이다

이 휴식이 아픔을 통해서 오는
까닭은 무엇일까

아프지 않은 휴식은
영면뿐일 테니까

아픔은
살아 있다는 증거이니까

모든 목숨 가진 것에게
목숨은 고통과 고난의
통로라면

절대자는
피조물이
정신의 고통만으로
치유되지 않을 때

몸의 고통을 통해
벗어날 수 없는
살아있음의
형벌을
깨닫게 함이리

언덕 위의 하얀 집

그림엽서
꿈에서나 보는
궁전 같은
집은
어떨까

행복이 넘쳐날까

언제부터인가
상상 저 너머에 있는
빼어난 외양은
나를
혼란스럽게 한다

사람이든 집이든 옷이든

인적이 없었던 집
먼지와 거미줄
어떡하고
곧 편안해질까

풍경은
피안의 것

지금은 유명을 달리한
어느 후배

스위스 별장에서의
낯설음 외로움
고독한 회상이
아직도
가슴을 적신다

비상시

길에서
차들이
썰물같이
빠져나갔다

차도는
허허롭다

휴가철이 지난
바닷가의
쓸쓸함

도시 한가운데
떠있는
섬

그 많은 차들은
왜 움직이지
못하는가

언제나
어디서나
솟아날 것처럼

기름을 흘리고
물을 흘려왔다

이제
어떻게
해야 하는가
이미 늦고 있다

늦었다

노을

높은 아파트의
선명한 실루엣

진홍색 노을
깔렸다

사이사이 끼어 든
흰 구름들

마냥
아름답거나
낭만적이지 만은 않았던
그 괴이쩍은
붉은색

노을 사이로
거대한 막이 내려와서
지구의
종말이 올 것이라는
악몽이
있었다

내게는
어릴 적에

섹스 엔 시티

여성의 일상적 담론이
드디어
사회 표면에 나서기 시작했다!

영화는

깊이 있는
주제의 천착이라기보다는
화려한 볼거리의
연회장이었다

명품은
무엇인가

그것은
인간의
근원적 심미성을
교묘히 자극하여
스스로
작위적이 되게 하는 것인가

명품의 희소가치는
사라지고
우리 자신이
명품이고자 하는
욕망이
자리할 뿐인 것을

영화는

골프

십여 년 전
외국에서
내게 온 골프

골프는
이국을
자연을 만나는
길로
내 앞에 열렸다

십팔 홀 중
몇 홀만 제대로 플레이해도
그 날
나는
그 좋은 기억만을
간직하기로 한다

남들은 내 플레이를 보지만
나는 내 모습을
모르는 게
어디

골프뿐이랴

꽃과 숲과 잔디가 좋아서
나의
갇힌 공간에서
벗어나
넓은 들판으로 나간다

삭막한 도시의
어지러운 뉴스를 떠나

초원의 환영과
등에
햇볕의 자글거림은

늘
나를
자연에
있게 한다

아침 체조

아침에
눈뜨면

팔 다리 뻗치기
들어올리기
몸 옆으로 비틀기

습관처럼
몸에 배인 행위다

자꾸만
위축되어 가는
근육을 일깨운다

〈섹스 엔 시티〉의
그녀들이
앞으로 살아야 할
오십 년을 위하여
건배하듯
앞으로 살아야 할
날들을 위하여

탄천 I

집 가까이
탄천에
사람들이
많이도
나온다

테임즈 강가
낚시꾼과
일광욕하는
사람들의 여유

그 강변의 숲을 기억한다
강가에 우거져
낚시꾼과
책 읽는 사람들 위로
드리우던
짙푸른
나무 그늘

유람선에선
무엇을 볼까

한강변의 회백색 콘크리트 숲에
그림이라도
사막 같은 삭막함에는
선인장이라도

산행을 즐기는
한 친구는
숲의 의미를
계속 읊는다

산으로
가자고

탄천 II

십이월
오후 여섯시
병동에서
내려다 본
석양의
탄천은
섬진강
비늘 물결이다

띄엄띄엄
도회의
붉은 빛
요요하다

펄떡이는
삶의 맥박
죽음의
암흑 위로 내린다

탄천 III

오후 여섯시
다시
내려다 본
탄천

어둠이
너무 많이
내렸다

오늘
다시
본
탄천

어제
이 시각의

물결 고운
탄천
아님을
아쉬워한다

시시각각
변하는 것이
물이고
흐름인 것을

바람

〈Kafka on the Shore〉를
읽고
주말 드라마를 보고
밖으로
나간다

바람이 있다
나를 스쳐가는
미세한 바람이

보이지 않는
공기의 이동들

땀이 난 몸이
차갑게
시원해진다

바람을 일으키고
땀을 나게 하고
시원함을 느끼게 하는

이런 이치들은
어디서 오는 것일까

오후 5시

오후 5시
하루 중
가장 지치는
시간이다

감내하기 어려운
오늘이란
무게 위에
어제의
힘들었던
일과까지
몰려와
짓누르는 때

피로에 겹친
시를
읽는다

시를
쓰고

시를
지운다

작은 것들의 시

신문 지면을 도배한
우울한 뉴스들
삶의 고달픔을
여물처럼
되씹게
하는데

거리에 나서면
냉방이 되어
땀을 긋게 하고
마음의 어둠을
걷어내는
버스 있어
다행이다

눈을 들면
푸르른 녹음

사다리차의 사각 공간 속에 선
아저씨
위태로워 보이지만

전선을 손본다

길 옆 꽃집들은
더러 문을 열었다

이렇게 세상은 돌아가고
삶은 평화롭게
이어가고 싶다

버스 기사는 친절하게
길을 안내해주고
비싼 기름 값에도
덥지 않게 냉방이 되는
대중교통

이렇게 작은 일상들이
살만하게
평화롭게
이어가기만 하면 되는데

집

나는
왜

이 감금의 장에서
헤어나지 못 하는 걸까

쳇바퀴 돌듯 하는
나를
멍하니 쳐다본다
답답하다
나도
나를 보는 나도

이 공간은 일터고
쉼터다
삼시 끼니를 해결하고
책 읽고 글 쓰고
TV로 전화로 메일로
바깥세상과 소통하고
운동하고
온갖 짓을 다 한다

삐에로 같이

밤이면
침대에
내 사지를 누이고
편안함이
무중력에 떠서
그대로 영원이고
싶어진다

학교

나는
일주일에
하루를
학교에 간다

학교는
나의
모태이고
아무리 뒷길로
헤매다 가도
돌아가야 하는
종착역이다

나는
환상 속에서도
꿈 속에서도
무수히
학교로 간다

방학의 텅 빈
교정으로 간다

학교는
온갖 형이상학이
춤추다
잦아드는
나의 영원한
삶의 장이다

욕망과 절망 사이

욕망과 욕심은
어떻게
다른가

욕망을
쫓다가
그것이
욕심인 줄 알고
절망하지 않을 수 없다

오늘의
절망이
지난해의
절망이었음을
늦게야
안다

오늘의 절망이
변질된 욕망임을 알고
다시
절망한다

그 절망이
지난 때보다
희석되어짐에
당혹하고
체념하여
받아들일 때
또 한 번
절망한다

연인들

나는
초등학교
반장 아이
얼굴을
기억한다

중학교 때
천사같이
예뻤던
영어 선생님
모습을
기억한다

고등학교
국어 선생님

대학 때
음악 동호회의 회장

내가
만났던

그 많은
사람들 가운데서

기억의 뒤에
오롯이
남아 있는
사람들은
모두가
나의 연인들인가

바이오리듬

시간 주 단위의 생활에
길들여진
나에게

시간의
들물 날물은
나를 어디론지
떠밀고 다닌다

긴장으로 시작하는
월요일

싹싹하고 예쁜 아줌마가
집안일을
도우러 오는
토요일 즈음에는
내 축적된 에너지가
고갈되어
생체리듬이
최저점에 닿는다

일주일을 닦아내고
다음 일 주일을
준비해야 하는 날

나는
흐느적거리는 몸으로
부엌을
탑돌이하며
다음 주에 쓸
에너지를
힘겹게
길어 올린다

돌아 봄

내 지나온
삶

배우러 다닌
햇수
이 십여 년
가르치러 다닌
햇수
이에 비슷하다

학교
오십 여년

어느 쪽에서의
깨우침이
컸을까

긴 세월이지만
반평생을
훨씬 넘지만

열려진 문 사이로
말이
질주하는 것 같은
찰나의 순간이었다면

그 영겁의
시간 안에서는

카 프 카

나는
브람스나 모짤트처럼
카프카란 이름의 마력에 끌린다
그의 환상 같은 현실이
나를
매혹한다

Kafka on the Shore
해변에서 카프카를
읽는
지성과 여유로움

〈Kafka on the Shore〉는
경계와 변용
순수와 대중을
넘나들며

끈질긴
회의와
비 현실감의

바다 속으로
빠지게 한다

들풀

마음이 급해지게
어떤 느낌이 올 때

담뱃갑 은박지의
물고기와 아이들 그림

은박지는 아이들과 물고기를
낳게 했고
터져 나오는 이미지를 받아 내었다

동네를 어슬렁거리면
길가에 아무렇게나 자란
들풀들

봉숭아꽃과
도로를 따라 옆으로 뻗치고 있는
나팔꽃

예쁘지는 않지만
우리 손톱을 물들여주던 꽃
손톱에 붙이고

하늘로 치켜들고 있던
손가락

탄천에
바람결 따라
옆으로 누운
중키의
나무도 풀도 아닌 잡목들

그것들에게도
이름이 있을까

유난히 들꽃이
눈에 띄는 때

울적함은
무엇인가

사념이 존재하게 되는
언저리쯤인가?

여름 꽃

옥잠화
긴 꽃대
함초롬히
사방을
밝히더니

두둑두둑
꽃잎 떨어뜨린다

제 몸 깎아
거름되어

내년
환생
기약한다

방학의 교정

학기가 끝난 교정이
주인이 두고 간
차들 위로
납작 엎드렸다

젊은 열정도 웃음도 사라진
허공을
가로지르는
침묵의 함성들

다시
떠들썩한
그날이 올 때까지

교정은
지루함과 열기를 인내하며
기다림을
배울 것이다

스포렉스

탄천을 걷는
사람들은
그들을 내려다보고
트랙을 돌고 있는
헬스장 속의 사람들을
형체로 만난다

헬스장에서
걷고 있는 사람들은
탄천에서 걷고 있는 사람들을
풍경으로 본다

형체는 유형과 인형들로
변신을 이어 간다
사각 건물 속에서
같은 몸짓을 하는
인형들은
물위로
숨쉬러 올라오는
물고기들
산소를 목말라한다

세느강변의 풍경을 감상하며
그들 나름대로의
일상을 젓는다

헬스장이 없는
오늘은
우울증 환자가 넘쳐날까

사람들은
폐쇄된 피트니스 클럽과 스포렉스에서
몸을 다지고
정신의 공백을
뱉어 낸다

몸과 즐거움만 있으면
모든 것이 해결되는 곳
인생이란 고해 속에 떠있는
작은 섬

옛 친구들

아무 일도 없는 나날들
태풍 전야의 고요

오뉴월 더위에
옥수수 고구마 삶고
야채 숲 만들고

하지 않던 짓 하고
저녁이면
지치고
식상해 진다

음식에도
내 행태에도

갑자기
점심 저녁 약속
정기검진 일까지 겹친 날

한 차에 다섯 명 타고
친구의 집으로

레이크 사이드 클럽으로

가며오며 차 안에서
밥 먹으며
차 마시며
의미 없고 덧없는 말들의
재미로움
소녀 적의 끝없는
웃음하며

노년이라
젊음의 자리에 조심하지만
우리들만의 세계 있어
즐거운 날이다

여름 한나절

초복을 앞둔
평일의 점심나절
윙윙 돌아가는 선풍기의
단조로운 소리

이따금
매미의 늘어지듯
울어 젖히는
소리
여름의 무기력은
극에 달한다

움직이는 것도
고역
땀을 긋는다는 의미 또한
무색하다

지난해에도
이런 여름을
겪었잖아

그 때의
참을 수 없는 여름의
무거움

줄줄이 이어질 복들
여름의 끝을 예고하고
가을의 전령사들임을 알지만...

여름의 일상은
젊은 날이나 지금이나
한없이 무기력하지만

잊혀지게
마련인 것을

포크댄스

아침 9시
해묵어 곰삭은 친구의 목소리
너머로
포크 댄스
흘러간 영화
〈라벤더의 향기〉가 흐른다

집에만 있는 나를
유혹한다

40여년 전
조조할인
〈단추 전쟁〉
텅 빈 극장
둘이서 보았다

도시락 같이 먹고
스타인벡의 〈불만의 겨울〉
읽으며
암울한 청년기를
보낸

오랫동안
자주 만나지 못한
친구

"여름 잘 나"
가슴 뭉클하다

여름을 잘 보내야 하는
나이가 되었나

이 여름 내가 너무
감상의 늪에라도 빠진 것인가

엄마 I

오랜만에
내 집에 온 엄마
어느 순간에는
나를 배려하고
예의 그 교훈까지

베란다 앞의 나무들
시퍼렇게 생기 넘쳐
집을 에둘러
좋은 사람이 들어 올 터라고

'여기가 어디냐
옥이는 어디 갔냐 언제 오냐
여기는 내가 왔던 집이 아니다'
사설들

가끔씩 오시고
기억력이 흐린
엄마의 시선으로
내가 늘 갑갑해하는
집을 둘러본다

베란다의 화초가 생기 있고
창 밖 수목들이
마치
집을
떠받치듯
에워싸고

익숙한 곳이
갑자기 낯설어지는 순간이다

엄마 II

엄마는
죄의식과 불효를
형상화하는
말

아무리 해도
다 해지지 않고
충분치 않고

결코
아무리
해지지도 않고

천근만근 추의
밑바닥에
앙금 되어

떠올랐다
가라앉는
영원한 아쉬움의 자리

산다는 것

산다는 것은

그냥 살아지는 것 아닌 것을

늘 깨어있지 않으면
영혼과 함께하지 않으면
영혼의 깨는 소리 듣지 않으면

한 순간만으로
청정 청명해짐은

짧지만

마음의 소리
아픔
글로 와서
글로 간다

생의 찬가

요즘
마음에 기쁨
넘칠 때 있네

음악을 듣다가
책을 읽다가
옛 친구의
상상 밖
고백에

오랫동안
영미문학 실험실
청개구리

내게도 터져 나오는
바커스의 광기 있었던가
오로지 아폴론만을 흠모하면서
시지프스의 족쇄에서
몸부림치고 있는가

분홍색과 옥색
아무렇지도 않은
꽃무늬 옷을
왜
떨쳐입어 보지 못했던가

색과 문양의
허상이
두려웠던거야

이름 모를 들꽃에
새삼 끌리고
물색 옷을 입고

내 회색의 세월에서
비켜서야 하는가

두 유형

이 여름
어느 화가 시인의
기행문 수필집
문학과
아름다움에 대한
열정
공유하는
여정이었다

세상에는
아름다움을 쫓아
창조의 고통을
십자가처럼 떠메고 사는
시인 있어

그 고통
한 송이 꽃으로
바람으로
환생해 오고

외양과 안락만으로
자신들의 세계를
치장하며
가꾸어 나가는

두 삶이 있음 확연하네

후자에게
혜안 있어
이승의 삶의 지혜에
눈뜬다면
그것 또한 가상하다

세상은
이런 저런
사람들이 모여
두런두런
살아가는
장인 것을

커피

여름이면 아니
환절기에도
유행병처럼 돌아오는
속앓이 병

오늘 아침
기운 없이
바닥을 헤맨다

힘내어 하루를 살기로
맘먹고
약에
취해서
비몽사몽

몇 십 년
수 없이 꺼져가는
기운을
되살려 놓은

미루어 놓았던

마법 같은
커피
한 모금
아쉽다

음악에 마음 열다

신영옥의 신선한 목소리
새해 벽두에
음의 세례로
한해를 열었다

앞날이 트였다

말러 교향곡 5번
온 몸에 전율
끼얹었다

죽음의 그림자
지천에 깔리는데
간간이 끼어드는
따뜻한 햇볕 같은
변환의 음들

모차르트와 베토벤 교향곡
중후한 오르간 음 위로
질주하며 울부짖는
트럼펫 소리

트럼펫 콘체르토
클라리넷 콘체르토
서곡과 춤곡
로망스
세레나데와 녹턴의 바다에
빠지고 또 빠진다

암

시인
수녀님 암에 걸리다

육십 삼세
병명도 밝혀졌는데

자꾸만 그 기사
다시 보게 되네

교계의 불문율
모르고

어디가 아픈가
중한가

분명 수녀님
밝히기
원하시지 않은 것이다

세상 사람들의
구구한 억측

지나친 관심 싫으신거다

불치병이든
만성병이든

지난 삶
길목마다
점점이 박힌
회한들

대추나무

창문을 열면
잡힐 듯 말 듯한
나뭇가지에
대추가 알알이도 열렸다

추석에는
차례 상에
올릴 수 있을 만큼
익겠지

해마다 나무를
바라보며 하는
생각이다

일 층 화단에
뿌리내린 대추나무는
늘
그 열매가 누구의 것인지
애매했다

올해는 나무를 흔들어
여러 사람이 따서
여러 집의 차례 상에
올렸으면 좋으련만

수술실

대학병원 대 수술실
아침 8시
횡대 종대의
침대에
대기 중인 환자들
간호사들
마취의들 보조의들

환자의 긴장감은
터질 듯한데
진행의 부산함으로
아수라장이다

하루 전
수술 부위에
그려진 그림
흔들리는 치아
길 잃은 핸드폰

수술의 시간
환자들은 마취되어

딴 세상 머물다
낯설게
위태롭게
또 다른 세상에
착지한다

마취되어 사지를 뻗고 있는 저녁처럼
흐느적거리는 육체 위에
어른거리는
형상들

절기

처서를 앞둔
여름

그 맹위 어디 가고
서늘해졌지만

상쾌함 위로
다시
한 켜 앉는
찌들고 권태로운
먼지들의
집요함

언제
이런 것
다
훌훌 털고
자유로울 수 있을까

끊임없이
다짐하고 다잡고

다시 해보는 것

비를 가르듯
입자들 사이로
가는 것

젊음

올림픽
배드민턴 결승전
전광판
마지막 포인트
21이 된 순간

앳된
스무 살의 선수
채를 던져
바닥에 누워 버렸다

세계를 거머쥔
그
환희에 찬
모습

예쁜 윙크
기분 좋은 윙크
순수하고
때묻지 않은

엄마
내게도
그들에게도

그에게
삶은
얼마나
희망찰까

싱그러운 젊음

나에게도
그런 때
있었을까

동굴 속의 사람들

잡초를 쓸고 가는
손 하나
긴 줄기 뽑아
입에 넣는다

거리엔
넘쳐나는
피난민 행렬

작은 동네
잡초 우거진 공터
늘
물이 흐르던 동굴

잡초를 쓸고 다니던
손

어느 날
동굴에
그림자 같은 사람들

널빤지 위
과자 성냥 나부랭이

흘끗거리는 아이들

퀴퀴한 냄새
음습한 분위기

깎아지른 아파트
앞에

그들은
어떻게 되었을까

생신을 기립니다

때론 위엄이 추상 같지만
밀결 같이
보드라운 정으로 터진다

문화 줄기를 따라
세계를 누비고

만년에는
침잠하는 예술의 세계가
가히 눈부시다

외로움 있어
서러워 말지니

더 많은 것
향유하고
더 넓게 보듬었으니

그러라고
그러라고
아픔을 삼키고

이제 이만하면
족하다 하건만
여전히 갈구함 있어
목말라하는 당신

그 꿈
상상의 나래에 얹어
널리 널리
펼쳐 가시기를

물

후덥지근한 열기
숨이
멎을 것
같은 때

갑자기
세찬 소나기
홈통의 빗물 쏟아지는 소리

어느 새
비 그치자
탄천에 물 불어
바람까지 인다

시원하다
시원하다
소리
또 들린다

아
얼마나 다행인가

이 물이
이렇게
흐를 수 있다는 게

우리는
왜
물이 흐르는 곳으로
가는가

우리가 태어난
본향이고
근원으로

금가는 세월

한 학기가 끝나
허허로운 휴지(休止)가
시작되려는 때에

붉은 경고등
경적 소리
실려 온
불청객

산책길
들어서는 나를
휘몰아
끌고 가는
이 힘은 무엇인가

서너 달 전
생긴
생채기
채 아물기도 전에

또 일어나는
바람은
어디에서 오는가

운명론자 아니고자
발버둥 쳐도
보이지 않는
힘 앞에
무너져 내리는 가슴

칠십 언저리

찾아오는 건
혼자임을
길들이는 시간

우두커니
웅크린
빈방에서
벌거벗은 내일을
만난다

빛바랜 한가로움과
나달되는 권태

생명 줄은
아무렇게나
당겨지기도
늘어지기도 하는데

더 가야 할 곳
어딘지

당신 I

잠든 환자
곁을
지키는 당신

졸림은
한 잔의 커피로
깨어나고

가을 지나
겨울 왔건만

교회 전도지 뒷면에
이렇게 쓰고 있는
당신은
누구인가요

당신 II

사는 것이
너무 서툴러
일상이 익숙지 않아
완급이 조절되지 않는
당신

책 읽을 시간에
목말라
허둥대는
당신

몇 날이고
쪼그리고 앉아
몸이 마르고

읽은 글은
순간으로만 남고

열 가지 삶의 지혜
읽고 또 읽으며

기억력의 끝을
붙잡고
안간힘 하는 당신

당신은
누구인가요

지난 가을

매일
살얼음 같은
일상을
미끄럼질 하면서

하루
오페라를 만나고

하루
젊은 영혼들의 열기 속에
엉키어
연기하고
바커스와 아폴론을 만나고

하루
친구와
지천으로 뒹구는 낙엽 속을
걷고
커피 향에 묻히고
가을로 만신창이 되었네

삼 막 드라마

지난 가을
아슬아슬
산등성이를
넘어가면서
일 막이
내리고

겨울
어느 날은
지천으로
눈이 내려

가지 끝
눈송이
줄줄이
달렸다

내년 봄
나락으로의 하강이
바닥을 치고
탈출을 시도하리라

고통

고통은
삶의
권태로움과
허허로움에서
깨어나게 한다

아픔은
때로 몸의 평상성에서
벗어나는 것

슬픔은
기쁨의 이면임을
알게 한다

한가로움은
바쁜 삶의
한 이정표

시는
어렵게 찾아오는
의식의

틈새에서
솟아나는
섬광

로마의 영웅

로마의 영웅들이여
내 속에서
웅비하라

이천년을
훨씬 넘어
전부터

이 세상을
활개 치던
그대들의
광대한 야망

세계사에
큰 족적

천 여년의
흥망성쇠가
후대에게
고한다

인간사
얼마나
파란만장한가를

만고의
진리는
평화라는 것을

침묵의 공간

그렇게도
울려대던
전화 벨소리
끊긴
적막 같은
공간

그 적막강산
위를
나는
나네

겨울
산하
위를
나는
나네

백석의
싸락눈과
갈매나무

떠올리며

산 계곡에서
바람에 실려
팔 벌리고
내려오는
조종사를
떠올리며

겨울나기

삶의 의지가 먼저인가
육체의 길이 순응해
가는 것인가

늪에 빠진
몸은
정신이
아득하다고
탓하고

세상이
어둠에
묻혔고

빛은
없다고 한다

허우적거린다
벗어나려는 몸짓

물 속을
걸어 들어가고

찬 공기를 뚫고
해를 향해
나아간다

황야

만물이
죽어 있는
겨울의 들판은
거칠다

흙먼지
일고
마른 풀
날아
불모의 업을
입었다

눈 내려
대지를
덮어
감싸 안고
품어서

땅 밑에서
혼기 올라

새싹
파릇파릇해질
날
기다린다

쉬면 녹슨다

쉬면 녹슨다

어느
노장 가수의
은퇴에 대한
일괄이다

우리는
힘들지 않게
사는 것을
편안한 삶이라고 안다

매일
허공을 맴도는 사람은
살아있는 것인가

아무리
미물 같아도

목적이 있는
곳으로

나아간다

생명은
숨쉬는 것은
살아서 움직이거나
활동하는
것일 진데

관성

다사다난했던
지난
한해

일어난 일
대적하느라
이리 저리
뛰었다

돈키호테

한 방향으로

제어되지 않는
관성에
속력이 붙었다

나락으로
떨어졌지만
다시
출발점에

서야 할
때이다

형극의 길에
들었지만

가만히
쉬지만 말라는
메시지로 읽는다

행복한 삶

행복한 삶은

빼어난
자연 경관을
접하고

친구가 있어
마음을
터놓고

맛있는 음식
먹는 것이라 했다

봄이 되면
자연은
만나고 싶다

겨울의
황무지 속에서
벗어나

풀싹
움트는
자연에
얼굴을 묻고 싶다

학기가
열리면
학생들과
음악과
친구를
만나고

그때를
기다리며
지금은
책에서
길을 찾는다

정갈한 음식은
만나기 힘들다

모든 문화가
퓨전에 빠져든
세상이다

함께함을 넘어

얘기하고
웃고
밥 먹고
더불어 살아
외롭지 않지

생명을
이어간다는 것은
큰 사업이지

삶의 업적일거야

그러나
이것만은 아니야

무엇인가 있어야 해

지금하고 있는 것
너머의
무엇인가
있어야 해

감기

급하게
해야 할
일이 있을 때
감기는
물러나 있다

그 존재를 무시하거나
돌아보지 않을 때는
잠복해 있다

일에서
놓여나는 때

갑자기
용수철 같이
튀어 올라
주인을 사정없이
공격한다

달래고
흥정하고

위협하기를
되풀이하며
시간을 끌지만

여간
주인을
놓아주지 않는다

오늘도
외출을 삼가고
칩거하도록
명한다

버들강아지
핀
개울가
쌉쌀한 바람
그립다

내 영혼

두 갈래 길
기로에 서서

이러지도 저러지도 못하고
갇혀 사는
나의 영혼

그동안
가혹한 형벌의
벌판에
내던져진 채

이제
방황의 끝에서

너를
돌아보고

외치는 소리

듣는가

육체의 쇄락

어쩔 수 없이
세월 속에
몸은 쇄락하지만

마음은
몸이라는 집을
벗어나고 싶어한다

여전히 갈구하고
목말라하고
무엇인가
어딘가를 향한다

누군가와
함께 있기를 원하고
향유도
유약도 원한다

뻗은 손끝이
부여잡는 것
아무 것도 없어도

팔면경

한 가지 사물을
사람들은
각각
다른 면에서
본다

똑같은 말
각각
다르게 생각한다

요지경 세계

언어는
사물의
정확한 정의
어렵게 한다

언어의
주관성
모호성